お花のドレス
花びらで仕立てる私だけのアート

Flower Dress -my own art tailored with flower petals-

はじめに

Introduction

本書を手に取ってくださり、ありがとうございます。

これまで花言葉を用いた作品集を製作してきましたが、

今回初めてお花のドレスの作り方を出版させていただくことになりました。

家にお花を飾っていると、必ず萎れて捨ててしまわなければならないときがやってきます。

そんなとき、いつも心の中に悲しさのような切なさのような、

何とも言えない感情が湧きあがってきます。

プレゼントでいただいたお花の場合はさらにその気持ちが強くなります。

枯れたり萎れたりして散った花を最後にもう一度美しく蘇らせ咲かせたい。

そんな思いで作り続けてきたフラワードレスを、

読者の皆様にも体験していただきたくて、この本を作りました。

プレゼントでいただいたお花を飾って観賞し楽しんだあと、

最後にドレスにしてその写真をお礼のメールに添えるととても喜ばれます。

親子で作って遊ぶと、植物にふれて得られる新しい発見を共有できます。

お母さんやおばあちゃんへのメールに写真を添えると、そこから会話も弾むでしょう。

お花は世代を超えた共通言語。大切な人たちと一緒に楽しみ、共に愛でることができます。

お花には飾っているだけでは感じられないことがたくさんあります。

直接ふれると分かる自然の質感や香り、生きている花びらの弾力やシルエット。

そこから湧きあがる発想や想像力を使ってドレスを作ります。

花びらや葉の形はさまざまですので、ドレスの形も自由。

お花が無いときは葉っぱだけでもいいですし、落ち葉などでも大丈夫。

植物から受けるインスピレーションをそのまま形にして、

思いのままに楽しんでいただけたら幸いです。

葉 菜 桜　花 子

たとえば、

お祝いに花束を
いただいたとき

食卓を彩ってくれた
切り花のお水を替えるとき

草花の植え替え、
剪定などの庭仕事をしたとき

季節の移ろいを
感じる庭の隅に

大切な宝物を
みつけたとき

じっくり見て、ふれて、香りを味わう
草花あそびをはじめましょう

フラワードレスの魅力

四季を彩る草花は、その種類や状態によって異なる魅力を持っています。
ひとつの同じイラストでも、扱う草花によって違った風合いを持った作品になります。
花びらや葉の色味や形状、感触を確かめながら、それぞれの美しさを味わいましょう。

［花材］
サルスベリ　1枝

縮れた小さなフリルが寄せ集まったような、ふわふわボリュームのあるサルスベリの花。その色鮮やかなピンク色は、はっと人の目を引きます。サルスベリの特徴でもある実と葉も使って、「愛嬌」という花言葉にぴったりのかわいらしいドレスになりました。

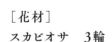

［花材］
スカビオサ　3輪

スカビオサの花は中心に小花が集まり、外側にはやわらかな色合いの花びらが広がっています。ドライにすると色味が深まり、アンティークな魅力も。アクセントに小花をあしらい、大人っぽい印象に仕上がっています。

［花材］
バラ　3輪

気品があり、特別な日を贅沢に彩ってくれるバラの花。丸くて少しカールした花びらはドレスのたっぷりしたドレープを表現できます。バラの特徴のひとつでもある、芳醇な香りも魅力のドレスです。

摘み取ったばかりの花びら

萎れて散った花びら

ドライになった花びら

右ページはすべて同じイラストで赤いバラを使った作品ですが、花の状態が違うと趣が異なって見えます。水分が抜けていくと花びらが縮まり、くすんだ色味でシックな印象に。また、ドレスの表面も摘み取ったばかりの花びらはハリやなめらかさが魅力なのに比べ、萎れた花びらで演出できるのは上品な光沢や質感。ドライにした花びらは、枯れ色をまとい、深い色合いと陰影を楽しめるでしょう。花材を目で、指先で味わい、その特徴や魅力を存分に活かした作品作りをしましょう。

Contents

[本書で使用している道具紹介]

花バサミ……草花や、枝もののカットに使用するハサミ
ピンセット……先が細くて曲がっているもの
筆……面相筆（小）／彩色筆（中）
その他……定規／カッター／木工用接着剤またはグルーガン（いずれかを使用）／シャープペンシル（鉛筆も可）／消しゴム／
墨汁（インク・絵の具も可）／画用紙／フォトフレーム／木製ガラスケース

第 1 章

季 節 を 感 じ る 作 品 集

Flower Dress / Seasonal collection

Spring

色とりどりの
つぼみがほころぶ季節

長い冬を越えて木々はやわらかく芽吹き、可憐な花は固いつぼみをのびやかに膨らませ始めます。春の花の特徴は、優しい色と質感、そして鳥や虫たちも喜ぶ甘い香りです。

［花材］
ミモザ　1枝

春の訪れを告げる花として愛されるミモザ。丸くふわふわした黄色の花はポンポンのような質感で、細かい模様や毛糸のような素材感を演出できます。

［花材］
チューリップ　2輪

ころんとした花を咲かせるチューリップ。その肉厚な花びらには思わずふれたくなる滑らかさと光沢があります。背景に散らした茎の断面は、きれいな丸い形です。

［花材］
デルフィニウム　2本

美しく青い花色が印象的なデル
フィニウム。「サムシングブルー」
として結婚式でも人気の花です。
薄く繊細ながく片は、羽根のよう
に軽やかなドレスになります。

[花材]
すずらん　1束

すずらんはその名の通り、鈴の
ように咲く小さな花と艶やかな緑
の葉が魅力。ウエストから垂れ
下がる華奢な茎に連なる花が、
かわいらしさのポイントです。

太陽の下、緑が深まり
命みなぎる季節

恵みの雨が地面を潤すと、植物は深く長く根を張ります。梅雨の中、また強い太陽の光を浴びて咲き誇る夏の花は鮮やかな色合いが特徴で、その力強さに元気をもらえます。

［花材］
ひまわり　2輪

___

太陽のような大輪のひまわりは、夏の主役。まずは絵に一輪を置き、花びらでボリュームを足しましょう。やわらかい花びらは、とても着心地がよさそうです。

［花材］
あじさい　1輪

美しいがく片はダイヤ、蝶のよう
な形をしています。一個一個の
色合いと形を観察してみましょ
う。ぼんぼりのような房をそのま
ま切り取り使うことで立体感の
あるデザインもできます。

葉が色づき、豊かに実を結ぶ季節

Autumn

日ごとに美しく枯れ色をまとう葉と、ずっしりとしてゆく実もの。秋は植物にとって、終わりと始まりの季節です。秋の花は温かな色味や質感のものが多く、涼しくなった空気の中で季節のうつろいを感じさせてくれます。

［花材］
桜の落ち葉
手のひらいっぱい

桜の葉は秋になると赤や黄に染まり、一枚一枚が違ったグラデーションに色づきます。その艶やかな丸い葉を並べたドレスには、花びらとは違う趣があります。

［花材］

パンパスグラス　1束

まっすぐ伸びた茎に白銀の穂を
つけるパンパスグラス。そのふ
わふわの穂はまるでファーのよ
うな手ざわりで、指先でふれた
くなるあたたかみがあります。

［花材］
ヒペリカム　1枝

黄色い花を咲かせたあとに、赤く小さな実をつけるヒペリカム。その実は並べるといっそうかわいらしさが増し、ころころした重量感も魅力のひとつです。

［花材］
楠 の枯れ枝　1本
枯れ葉　ひとつかみ

縮んで穴のあいた枯れ葉や、枯れ落ちた細い枝。楽しい想像をすれば立派な花材になります。年月を経たような色味と曲線が、魔女にぴったりの箒になりました。

［花材］
キンモクセイ　2枝

多くの人に愛されるキンモクセイ
の甘い芳香は、秋の訪れの合図
です。小さな星形の花は、紙に
散りばめると細かい刺繍のよう。
頭にのせれば髪飾りに。

木々が眠りに入り、冬芽を育む季節

落葉樹が葉を落とし、人も植物も蓄えの準備をする冬。冷たい空気とどこか寂しい風景の中でも、たくましく咲く冬の花には、はっと目を奪われます。冬の楽しみな行事を彩ってくれる花も数多くあります。

[花材]
ポインセチア　1株

クリスマスシーズンを華やかに彩るポインセチアは、日が短くなるにつれ苞が赤く染まります。深みのある赤色と艶を抑えた質感で、シックな装いを表現できます。

［花材］

シクラメン　1株

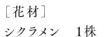

"篝火花" という和名をもつシク
ラメンの花は、白やピンク、紫
など鮮やかな色が多く羽のよう
な形をしています。萎れたがく
でヘッドドレスを作りました。

［花材］

初恋草　1株

「淡い初恋」を花言葉にもつ初
恋草。コバルトブルーの幻想的
な花色が代表的です。花びらは
蝶のような形で、一枚ずつ外す
とかわいらしいハートになります。

「ありがとう」をお花に込めて

［花材］
カーネーション　1束

「母への愛」を花言葉にもつ、赤いカーネーション。その意味あいから、母の日に贈られることが習慣となりました。花束をそのまま使い、お花の上に座っているような作品に。

Special Days #02　Birthday

特別なおめでとうを、あなたに

［花材］
ラナンキュラス　2輪

ラナンキュラスは、幾重にも
ふんわり重なった花びらが豪
華で、花束やブーケにも人
気のお花です。花びらは紙
のように薄く、かけらは美し
い花吹雪のようです。

大切な、あなたが生まれた日

［花材］

ガーベラ　2輪

羽根のような花びらを持ち、ま
ん丸の花を咲かせるガーベラ。
かわいい花芯を中心に広がる花
びらは、まるでやわらかなサテ
ンのスカートのよう。

Special Days #04　New Year

新 年 の 慶 び の ご 挨 拶

[花材]
サザンカ　1輪

古くから庭木として親しまれてい
るサザンカは、冬の寂しい庭を
華やかに彩ります。艶やかな葉
も美しく、丸く咲いた一輪は上
品な結び帯のようです。

[花材]
スプレーマム　1本

スプレーマムはアメリカ生まれ
の菊の花。1本の茎に小ぶりで
丸い複数の花を咲かせます。高
貴な花の形が和の神聖な雰囲
気を引き立てます。

Break time

庭仕事のあとは、摘んできたミントの葉とバラの花びらでティータイム。紅茶に入れる前に、画用紙に並べてみれば、カラフルな作品の出来上がり。真っ白な画用紙に散った花びらはいきいきとしています。ドレス以外にも、色んな作品を描いてみてください。

［花材］
バラの花びら　ひとつかみ
ミントの葉　ひとつかみ

葉の表面のでこぼこした質感が楽しいミントの葉は、丸くかわいらしい形をしています。色も大きさも違うバラの花びらと合わせれば、華やかな色合わせになります。

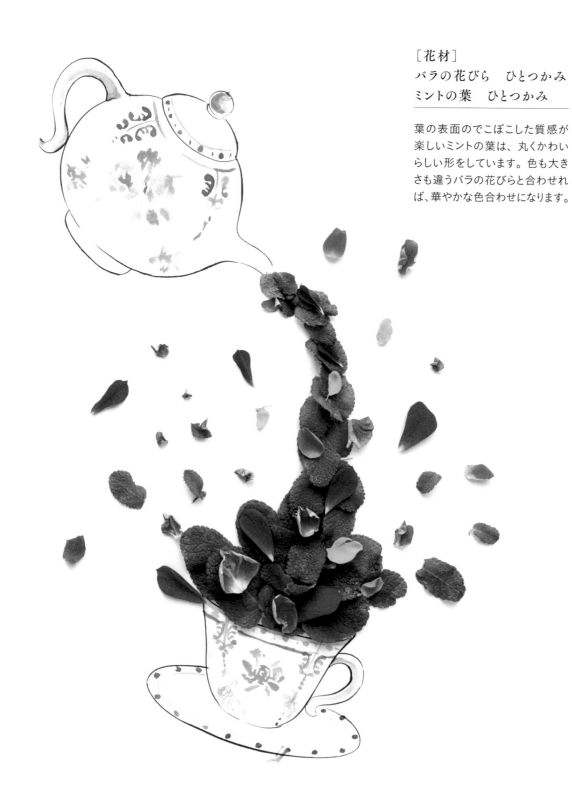

第 2 章

生花と線画集で作る

Recipes using fresh flowers and line art book

さわって、想像してみましょう

Let's touch, and imagine

仕立てやすいお花を知る

花材によって、初めてでもドレスを作りやすいもの、難易度が高く上級者向けのものがあります。
ここではその特徴や代表的な花材を紹介します。

― 初めてにおすすめのお花 ―

まず初めて作るときは花びらがやわらかく、小さめのお花を選ぶとよいでしょう。
なかでも花びらが丸に近い形や、左右対称に近いような形のものだと
向きを意識することなく作ることができます。また花びらにゆるやかなカーブがついていると、
動きが出て置いただけでも自然な作品になります。

トルコキキョウ　　あじさい　　バラ　　カーネーション　　ネモフィラ　　クローバー

― 上級者向けのお花 ―

反対に難易度の高いお花は、花が大きく花びらにも存在感があり、
タテ・ヨコの向きがはっきりしているものです。また小枝に花がついたものも、
枝の向きをそろえるのが難しいので作品作りに慣れてからチャレンジするとよいでしょう。

百合　　りんどう　　ひまわり　　ガーベラ　　ユキヤナギ　　かすみ草

花びらを、葉っぱを、指でさわってみてください。その形や感触はさまざま。
花材によって、それぞれの個性があります。思い描いた生地を仕立てるには、
どんな花材が向いているでしょうか。ここでは一例を紹介します。

お花の洋裁を楽しむ

洋裁といっても、針も糸もいりません。花びらでフリルやリボンを作ってみたり、
茎で傘や花冠を作ってみたり。思い浮かんだアイディアを試してみましょう。

― 帽子を作る ―

バラの中心の
三角帽子

カーネーションの
がく帽子

カトレアの
花びら帽子

ポインセチアの
赤頭巾

― 傘を作る ―

ナデシコの
和傘

あじさいの
洋傘

バラの
アンティーク傘

― 髪飾りを作る ―

白いバラの
ベール

ひまわりの
カチューシャ

かすみ草の
花冠

オオケダテの
ヘッドドレス

お花屋さんの
切り花で作る × 線画1

Red rose

お花を飾ったあとの、お楽しみ

お花屋さんで選ぶ季節の切り花やいただいた花束は、咲きっぷりも見事で、少しよそゆき感のあるお花。人が集まる場所に飾れば、その場がぱっと華やぎます。目で楽しみ、香りを味わって楽しんだら、最後に作品を作ってみませんか。色褪せや変色も丸ごと楽しんでみてください。

赤いバラのドレス

Dress of red Rose

⟫⟫ 用意するもの

[花材]
バラ　2輪

[道具]
線画1／花バサミ／ピンセット
※線画1は、裏面にドレスの線が入ったサンプルがあります

＼ 制作上の注意 ／
見本の作品は、線画1より少し大きいサイズ
になっています。また、花材も大きさは大小さ
まざま。見本に似せて作りたい場合は、小ぶ
りのバラを選んでみてください。

⟫⟫ 準 備

がくの部分と花に手を添え、ねじ
りながら切り離します。

花首から1cmほど残し、茎を切り落としておきます。茎
にトゲが残っている場合はトゲに気をつけてください。

外した花びらを、一枚ずつほぐし
てバラバラにしておきます。

⟫⟫ 作り方　※生花は線画に貼りつけたり、長期間保存することはできません。

01 まず、腰の位置に花びらを置き
ます。スカートのラインをイメー
ジして裾までざっくりと花びらを
置いていきます。

02 足が隠れるようにスカートの花
びらを置いたら、バランスを見
て足りない部分や動きを出した
いところへ花びらを足します。

03 胸もとに小さめの花びらを置き
ます。形の合う花びらがなけれ
ば、身体のラインに合わせて切
るか、ちぎったものを置きます。

04 花芯付近の小さな花びらや、
ちぎった花びらを手もとに重
ね、花びらを掬（すく）いあげている
ように飾ります。

05 最後にバラバラの大きさにち
ぎった小さな花びらを余白に、
ランダムに動きを出すようにし
て散らします。

advice

自然らしさを大切に

花びらは、こう置かなければな
らないというものはありません。
一枚一枚きれいに並べると、か
えって不自然に見えることも。
花びらの自然な動きに任せて散
らし、イメージを膨らませるなど
自由に楽しみましょう。

Recipe 02

庭で摘んだ
野の花で作る × 線画2

White clover

身近なお花で四季を味わう

庭の隅で毎年出会い摘み取っている野の花や、剪定が必要な庭木のお花。庭仕事のあとにはさっそく家に連れて戻って、その可憐な姿を愛でましょう。机に並べてみれば、懐かしい草花あそびを思い出します。鮮やかな色味や目を引く豪華さはなくても、温かみのある作品になります。

シロツメクサの
ミニドレス

Mini dress of White clover

⟫⟫⟫ 用意するもの

[花材]　　　　　　　　[道具]
シロツメクサ　1束　　　線画2／花バサミ／ピンセット

※線画2は、裏面にドレスの線が入ったサンプルがあります

⟫⟫⟫ 準備

シロツメクサは、葉と花を分けて並べておきます。

花首から1cmほど残して茎を花バサミで切り落とします。葉も、根もとの部分から同様に切り落としておきます。

花のひとつは、花びらをつまんで引き抜き、ほぐしてバラバラにしておきます。

⟫⟫⟫ 作り方

01　腰の位置に数枚、葉を並べます。スカートのラインとボリュームをイメージして葉を足していきます。

02　ドレスの胸もとに合わせて葉を置きます。一枚でバランスがとれない場合は、複数枚を上から重ねます。

03　ドレスの腰の部分に、小さめの花を2つ並べます。

04　右手部分に花を置き、ブーケを持っているようにデザインします。

05　ほぐした小さな花びらを、ランダムに余白に散らし、ブーケの花びらが風で舞うように置きます。

お花の部分はブーケにしたり、髪飾りにしたり。ミニドレスのデザインもさまざま。葉を重ねてボリュームをもたせたデザインがかわいさの秘訣です。

Recipe 03

お祝いを
テーマに作る × 線画3

記念のお花を、記録に残す

お誕生日や結婚、出産など、お祝いや感謝の気持ちを伝えたい特別な日があります。そんなとき私たちは、気持ちを託したお花を贈り合います。これまで、大切な日にいただいたお花のことを覚えていますか？ あなたの記念日を彩ってくれたお花を、作品にして写真に撮り、残しておきましょう。

Wedding anniversary

ストックの
ウェディング・ドレス

Wedding dress of Stock

用意するもの

［花材］
ストック　2本／コデマリ　1枝

［道具］
線画3／花バサミ／ピンセット

準備

ストックとコデマリの茎をそれぞれ並べ、花バサミで切り落とします。ストックの花は半分ほど、花びらを1枚ずつ外します。コデマリの花から小花を5つほど外しておきます。

作り方

01 女性の腰から裾までと、胸もとへ順にストックの花びらを並べたら、丸ごとの花をスカート部分にランダムに置きます。

02 女性の手もとにコデマリの毬状の花を置き、花の下から少しのぞくように、葉を数枚差し込みます。

03 コデマリの小花を女性の頭へ花冠のように並べます。最後にストックの花びらをランダムに余白に散らします。

お花のドレスの贈りもの

花束を届けるかわりに、お祝いの気持ちをこめたお花のドレスを作ってみてはいかがでしょうか。余白に日付やメッセージを書き込めば、心のこもった作品に。作品は写真に撮り、現像して手紙に入れたりメールに添付したりして大切な人へ贈りましょう。写真は、窓際近くの自然光で真上から撮影するのがおすすめ。影が入らないよう注意しましょう。写真アプリ等を使用して彩度を上げたり、シャドウを少なくすると明るく鮮やかな作品になります。

ミニブーケの
お花で作る × 線画10

好みの組み合わせを楽しむ

お花屋さんの店先に並ぶ、色とりどりのミニブーケ。コインひとつで買えるものや四季折々をテーマにしたものなど、ひとつひとつのアレンジに個性があふれています。思わずひとめぼれして購入する人も多いはず。ここではそんなミニブーケを丸ごと使った作品を紹介します。

Mini bouquet

ミニブーケの
カラフルドレス
―――
Colorful dress of mini bouquet

≫ 用意するもの

[花材]
ミニブーケ（スイートピー／ブルースター／ブプレリウム／ニオイヒバ）

[道具]
線画10／花バサミ／ピンセット

≫ 準備

スイートピー、ブルースターは花首から茎を花バサミで切り落とします。スイートピーの花びらを1枚ずつ外しておきます。ブルースター・ニオイヒバの葉と、ブプレリウムの茎も数本外しておきます。

≫ 作り方

01 スイートピーの大きな花びらを選び、腰の位置にポイントの花びらを数枚重ねていきます。

02 スカートのボリュームをイメージしながら、サイドにブルースターとニオイヒバ、ブプレリウムの葉を足していきます。

03 小さめの花びらを選び、ドレスの胸もとに置きます。形の合う花びらがなければ胸もとに合わせて切るか、複数枚を重ねます。

04 スカートの花びらと葉の上に、ブルースターの花を4つ並べます。

05 ブプレリウムの花を髪飾りのように頭へ置きます。

06 小さな葉を、ランダムに動きを出して余白に散らします。

自分で線画を描いて作る

世界にひとつの作品作りを

本書オリジナルの線画でお花のドレス作りを楽しんだら、自分で線画を描くことにもチャレンジしてみましょう。お花を見たときの印象や、花びらの感触からそれを身に着けた女性のイメージを膨らませていきます。自然な仕草や表情を描くため、まずドレスを形作ってから線画を描くのがおすすめ。

Original illustration

>>> **用意するもの**

[花材]
トルコキキョウ　4本

[道具]
画用紙／花バサミ／ピンセット／シャープペンシル（鉛筆でも可）／消しゴム／筆（小・中）／墨汁（インク・絵の具でも可）

>>> **準備**

茎を花バサミで切り落とします。そのあと、がくから少し上を半円状に切っておきます。

切り口から花を広げて芯を取り、半分に割っておきます。

>>> **作り方**　〈まず花びらでドレスのラインを作ります〉

01 画用紙の中心より少し上に花を置きます。この部分が腰の位置になります。

02 下に向かって花びらを重ねていきます。フリルの間に隙間ができないよう、バランスを見て敷きつめます。

03 胸もとにあたる箇所へ小さめの花びらを置きます。ドレスのサイドラインの形を整え、全体のバランスを見ます。

04 シャープペンシルまたは鉛筆で、胸もとと肩がなだらかな逆三角形となるように意識しながら上半身を下書きします。

05 ポーズや表情、ヘアスタイルを描いていきます。髪や指先に動きを出して描くとお人形さんのようにならず自然です。

06 筆（小）で、鉛筆の線の上をなぞるように墨をのせて清書していきます。

07 墨が乾いたら上にのせた花びらがずれないように消しゴムで下描きの線を消します。

08 筆（中）で、墨もしくは薄くといた絵の具などで髪の部分を塗ります。

09 色々な大きさにちぎった花びらを指もしくはピンセットでランダムに余白に散らします。

トルコキキョウの
フリルドレス
—
Ruffle dress of Lisianthus

親子で遊びながら作る

お花の形をよく見ると、何かに見えてきませんか？ こんな想像は、大人より子どものほうが得意かもしれません。かわいいお洋服や、動物、食べ物……。簡単な絵を描けば、立派な作品の出来上がり。身近なお花を使って親子でも草花あそびをしてみましょう。

Drawing

Satsuki azalea

季節の花を観察する

たとえば、庭の生垣で元気よく咲いているサツキの花。小さな頃、花びらをちぎって蜜を吸ったことがある人もいるかもしれません。古くから庭木や生垣として植えられ、親しまれてきた身近な草花は数多くあります。見慣れたお花も改めて観察してみると、新しい発見があります。

≫ 用意するもの

[花材]　　　　　　　　[道具]
サツキ　5輪　　　　　画用紙／筆（小）もしくはボールペン

≫ 準備

萎れて落ちたサツキの花の汚れや傷んだ部分を取り除き、画用紙の上に並べます。一層鮮やかさの引き立つ裾の広がった花びら、長いおしべ、若草色のがく。何が思い浮かんだでしょうか。

≫ 作り方

01

花びらの裾を大きく広げ、おしべが2本見えるようにします。空をひらひら舞っているように、ランダムに並べ配置を決めます。

02

配置が決まったら、余白も使って作品のイメージを固めましょう。雨粒みたいな形のがくの葉を周りに散らします。

03

花の上に、簡単な顔と手を描きます。上手に、きれいに描けなくてもかまいません。お花が主役なので、少し描き足すくらいからチャレンジしてみましょう。

\ *Fin* /

さあ、出来上がりです。若草色のボレロを羽織り、ピンクのワンピースを着たこびとが空を舞い踊ります。裾がくるくると広がり、とても楽しそう。

サツキのワンピース
を着たこびと

A fairy wearing Satsuki Azalea dress

線画集完成作品例 1

Sample Works of Hanaco Hanasakura vol.1

線画1〜19を使用した葉菜桜花子の作品例です。
同じ線画でも使用する花材によって雰囲気の違う作品となります。
お好きな花材で制作してみてください。

線画 I
[花材] バラ

線画 2
[花材] シロツメクサ

線画 3
[花材] ストック／コデマリ

線画 4
[花材] ラナンキュラス

線画 5
[花材] ガーベラ

線画 6／線画 7
[花材] カーネーション

線画 8／線画 9
[花材] ドライスターチス／楠の枯れ枝

線画 10／線画 11
[花材] ミニブーケ／サルスベリ

線画 12／線画 13
[花材] サザンカ／スプレーマム

線画 14／線画 15
[花材] アサガオ／あじさい

線画 16／線画 17
[花材] 忘れな草／ひまわり

線画 18／線画 19
[花材] ミモザ／チューリップ

第 3 章

ドライ／プリザーブドフラワー と線画集で作る

Recipes using dried / preserved flowers and line art book

ドライフラワーで作る × 線画8

生花は時間が経つにつれて色味や質感が刻々と変化してゆきますが、ドライフラワーはその質感や状態を保ったまま長く楽しめるという魅力があります。ドライフラワーは形が崩れやすいのでお花丸ごとや枝つきのまま、そのナチュラルな風合いを生かして作るのがおすすめです。

ドライフラワーを作ってみよう

初めてでも、一束のドライフラワーを手軽に作れるハンギング法を紹介します。ハンギングとは、生花を紐で束ねて風通しの良い場所へ逆さまに吊るし、乾かす方法です。花材によって1〜2週間程度で完成します。

≫≫ 用意するもの

[花材]
ドライにしたい花材
（写真はスターチス）

[道具]
麻紐／クリップ付フック

ドライにする前に傷んだ葉や花びらを取り除き、お花に半日ほど水を吸わせます。事前に水分を含ませることで、美しい色味を保ったドライフラワーになります。

≫≫ 準備

花材数本を麻紐で束ね、茎の先をクリップ付フックで挟みます。直射日光や湿気を避けて、風通しのよい場所へ逆さまに吊るします。水分が多いものや、花や葉が密着している場合は1本ずつ分けて吊るすと良いでしょう。

スターチスの場合は、水を入れていない花瓶に飾っておいてもそのまま水分が抜けてドライになります。ドライフラワーにしやすいお花のポイントは、もともと水分量が少ないもの、色鮮やかで退色しづらいものです。

仕上がりの目安は、茎や花びらから完全に水分が抜け、軽くぱりぱりした手ざわりになること。バラなどは、花びらが縮み色味が分かりやすく変化します。ドライにしやすい花材にラベンダー、ミモザ、スターチス、バラ、ユーカリ、かすみ草などがあります。

スターチスのドライフラワーを使ったドレスの作り方

スターチスはドライにしてもお花の鮮やかな色味と立体感はそのまま。重ねればもこもこしたボリュームがかわいらしいドレスになります。乾燥した花びらは、生花とは違う楽しい質感です。

≫ 用意するもの

［花材］
スターチス（ドライフラワー）　1本

［道具］
線画 8 ／花バサミ／ピンセット

≫ 準備

小さな花がバラバラにならないよう、花から1cmほど残して茎を花バサミで切り落としておきます。

≫ 作り方

01 腰の位置からスカートの長さを決め、裾のラインに合わせて花を置いていきます。

02 バランスを見てスカートの隙間に花を足します。ドレスの胸もとへ身体のラインに合わせて花を置きます。

03 茎から外した花をひとつずつ、ランダムに余白に散らします。

ドライフラワー作品を飾る

$\times$ 線画20

生花作品は保存には向きませんが、ドライフラワー、プリザーブドフラワーは額縁に飾り、長期間楽しむことができます。手軽に作れる写真たてには、まずはドライフラワーを使ってチャレンジしてみましょう。1輪のお花を丸ごと使ったドレスは1か所をしっかり固定すればよいので初めてでも作りやすいです。

≫≫ 用意するもの

[花材]
バラのドライフラワー　1輪

[道具]
線画20／定規／ハサミ／木工用接着剤、またはグルーガン／カッター／ピンセット／フォトフレーム（画像はタテ21cm×ヨコ16cmを使用）／硬化スプレー

バラのドライフラワーは葉を切り落としておく。作品として使う前に、花びらへ色褪せや型崩れ防止の硬化スプレーを吹きかけておく。（必ず必要ではありません）

フォトフレームは、飾りたい線画サイズのものを準備します。今回は線画20をカットして使用していますが、A4サイズの線画を使う場合は、A4サイズのフォトフレームを準備してください。

>>> 準備

線画20をミシン目に沿ってハサミで切り離し、2Lサイズ（タテ17.8cm×ヨコ12.7cm)にカッターで切っておきます。

※線画20、線画21の裏面には2Lサイズの切り取り線を印刷しています。

カットした線画をフォトフレームの中に入れます。

>>> 作り方

01 花首を残し、茎をハサミで切り落としておきます。

02 花の形にあまり影響がなさそうな内側の部分から花びらを1枚、破れないよう気をつけて引き抜きます。

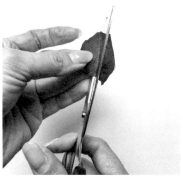

03 外した花びらを一度ドレスの胸もとにあて、花バサミで切ってサイズを調整します。

04 切った花びらと花を、身体のラインにあてて位置とバランスを確認します。

05 花びらの裏面全面に木工用接着剤を多めにつけます。

06 ピンセットを使い、胸もとへ花びらを固定します。

07 スカート部分になる花の裏側に木工用接着剤をつけます。このとき、全面ではなく接する部分を目安に接着剤をつけておきます。

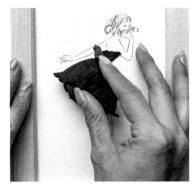

08 腰部分に合わせて、花びらの上から重ねるようにして花を固定します。

09 先ほど切った花びらの残りを小さくちぎり、木工用接着剤をつけてランダムに余白に散らし固定します。

プリザーブド
フラワー作品を
飾る × 線画22

プリザーブドフラワーは、瑞々しい質感とやわらかさを保ったまま長期間保存することができます。線画に貼りつけて額縁に飾れば、数年間楽しむことができるでしょう。長期保存には、ホコリや虫などから作品を守ってくれるガラスケースがおすすめです。好みの花材と線画を使ってぜひ飾ってみてください。

≫ 用意するもの

[花材]
あじさいのプリザーブドフラワー　1点

[道具]
線画 22 ／定規／ハサミ／グルーガン、または木工用接着剤／カッター／ピンセット／木製ガラスケース（見本はタテ 30cm× ヨコ 20cm× 奥行 5cm を使用）

お好きな色のあじさいのプリザーブドフラワーを 1 点準備しておきます。花材が大きい場合は、使うぶんを切り分けておきましょう。

木製ガラスケースは、飾りたい線画サイズのものを準備します。今回は A4 サイズの線画 22 を使用しています。

≫ 準 備

必要に応じ、木製ガラスケースのサイズに合わせて線画をカッターで切っておきます。

カットした線画を木製ガラスケースの中に入れます。

≫ 作り方

01 花材を広がったスカートのサイズに切り、腰の位置にあてます。バランスを見てハサミで切って形を調整します。

02 スカートに使う大きい花材部分へグルーをなるべく平らに塗り、腰部分に貼りつけます。

03 隙間に小さながくを足します。小さながくはグルーの量を調整しながら、下のがくが潰れないよう優しく貼りつけます。

04 がくを1枚外し、身体の線に合うように切ります。グルーをつけたら、脇の部分へ固定します。

05 もう1枚の外したがくを脇の上に重ね、背中を隠すようにして固定します。

06 スカートのボリュームやバランスを見て、足りない部分へグルーをつけたがくを足していきます。

07 小さながくを外してグルーをつけ、ピンセットで余白に固定します。

08 さまざまな大きさのがくを、バランスを見ながらランダムに余白に散らして固定します。

線画集完成作品例2

Sample Works of Hanaco Hanasakura vol.2

線画20〜22を使用した葉菜桜花子の作品例です。

線画20

［花材］バラ（ドライフラワー）

線画21

［花材］ストック（ドライフラワー）

線画22

［花材］あじさい（プリザーブドフラワー）

葉菜桜 花子
（はなさくら はなこ）

2017年4月より、「萎れたり散った花で描くドレス」と「花言葉」の投稿をはじめ、Twitterフォロワー数は合計約20万人。季節の花への深い愛情を感じる作品は国内外で高い人気を呼び、製作の傍ら作品を元にしたウェディングドレスのプロデュースも行っている。

はな言葉　Twitter @hanacotoba_jp
葉菜桜花子　Twitter @hanacohanasaku
Hanaco Hanasakura はな言葉　Instagram @hanacotoba_jp

企画編集	姫井絢、中尾祐子
営業	峯尾良久
AD	山口喜秀（Q.design）
カバー・本文デザイン	深澤祐樹（Q.design）
DTP	G.B. Design House
撮影	アトリエ SEASUU
花材協力	東京堂
	https://www.e-tokyodo.com/

お花のドレス
花びらで仕立てる私だけのアート

初版発行	2021年4月28日
著者	葉菜桜花子
発行人	坂尾昌昭
編集人	山田容子
発行所	株式会社G.B.
	〒102-0072　東京都千代田区飯田橋4-1-5
	電話　03-3221-8013（営業・編集）
	FAX　03-3221-8814（ご注文）
	URL　https://www.gbnet.co.jp
印刷所	株式会社廣済堂

オリジナル線画集

Original line art book

線 画 集 の 使 い 方

How to use the line art book

線画は全部で 15 枚あり、すべて切り離して使うことができます。
描かれている女性の表情やポーズもさまざま。
さあ、あなたが仕立てるお花のドレスで、世界にひとつだけの作品を作りましょう。

》》》 線 画 の 切 り 離 し 方

線画はノド部分にすべてミシン目が入っており、ミシン目に沿って手で切り離すことができます。
繰り返し使用すると紙にお花の色が移ることがありますので、気になる方はコピーを取ってご使用ください。

》》》 線 画 の 見 方

線画 1 〜 19 の完成作品例は P40、線画 20 〜 22 の完成作品例は P48 に掲載しております。

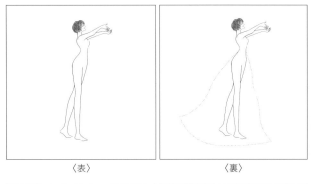

〈表〉　　　　　　　〈裏〉

線画 1 と線画 2 は、裏面にドレスの線が入った
サンプルを用意しています。初めて制作する
際など、花材をのせる目安にご使用ください。

Happy Wedding

〈表〉　　　　　　　〈裏〉

線画 3、線画 4、線画 5 の裏面には、線画のテー
マに沿ったメッセージが印字されています。表
面は、自分でメッセージを書き込めるよう上部
の余白が大きくなっています。お好きなほうを
使用してください。

〈表〉　　　　　　　〈裏〉

線画 6、線画 7 は表面／裏面ともに花束をそ
のまま置いて楽しめるデザインになっています。

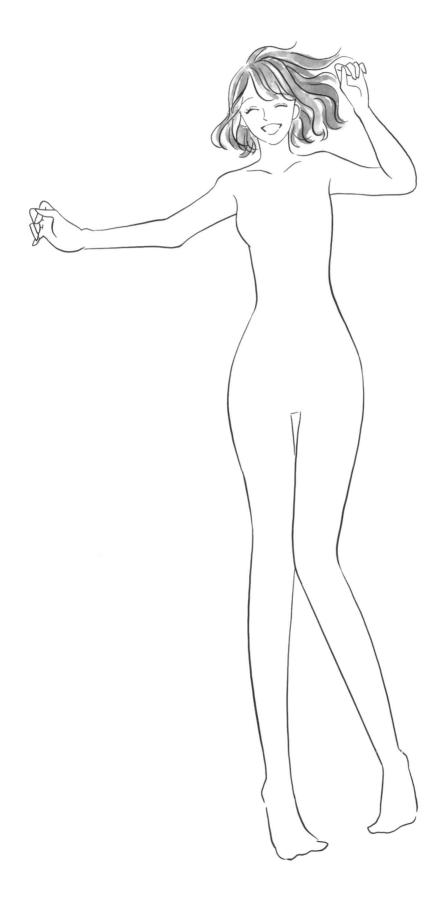

線画2

線画3

Happy Wedding

線画4

Happy Birthday !

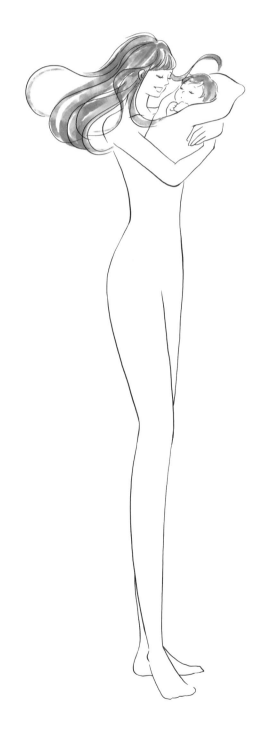

線画 5

Hello,
new baby

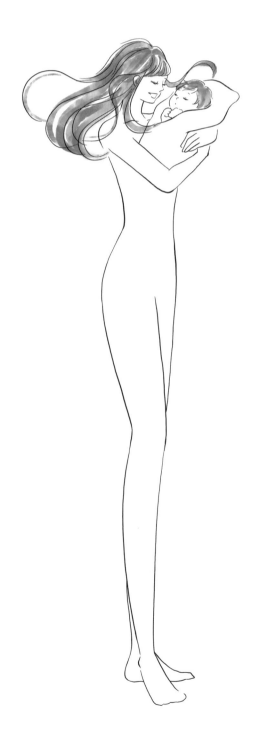

線画6

線画8

線画 10

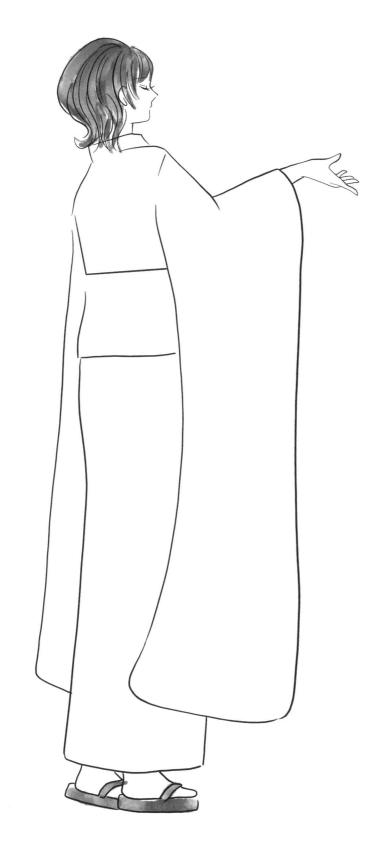

線画 12

線画14

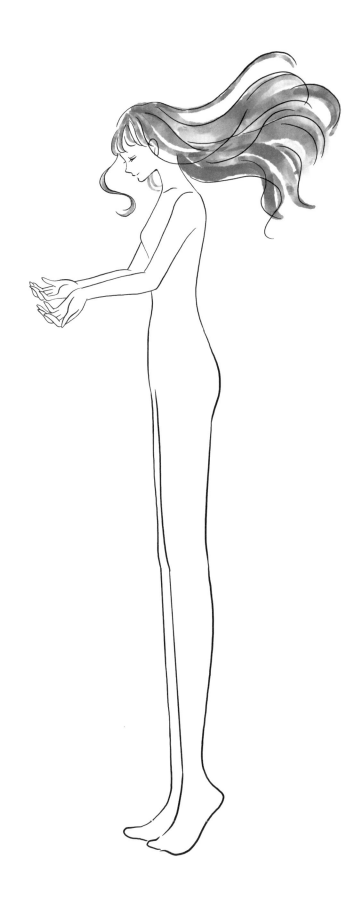

線画16

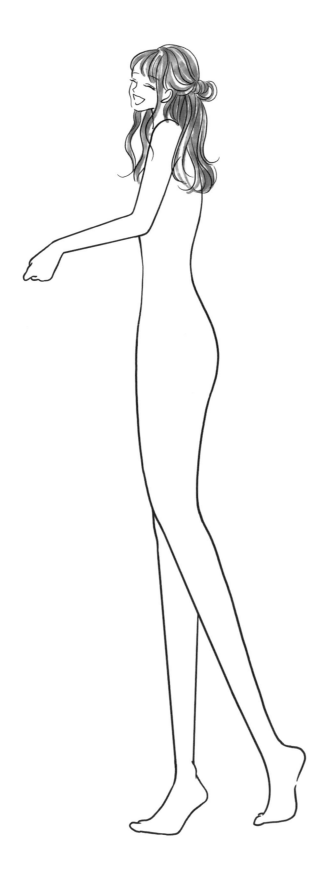

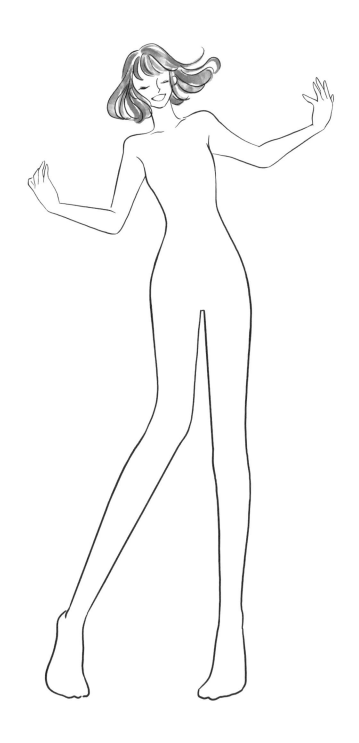

線画 18

線画 19

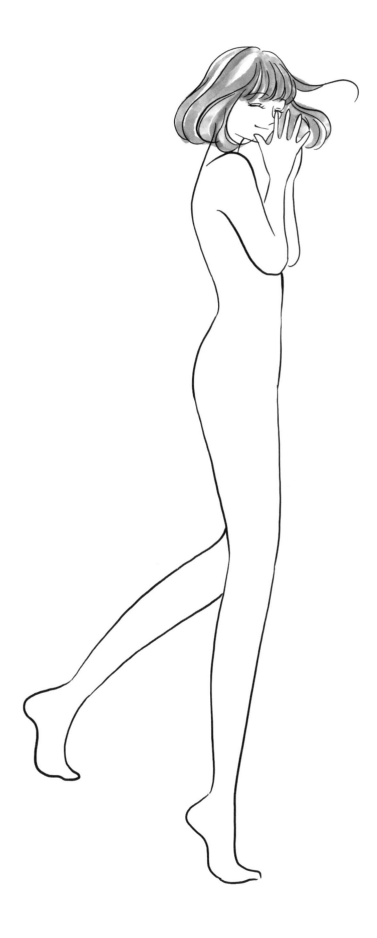

線画 22